BEI GRIN MACHT SICH IHR WISSEN BEZAHLT

- Wir veröffentlichen Ihre Hausarbeit, Bachelor- und Masterarbeit
- Ihr eigenes eBook und Buch - weltweit in allen wichtigen Shops
- Verdienen Sie an jedem Verkauf

Jetzt bei www.GRIN.com hochladen und kostenlos publizieren

Bibliografische Information der Deutschen Nationalbibliothek:

Die Deutsche Bibliothek verzeichnet diese Publikation in der Deutschen Nationalbibliografie; detaillierte bibliografische Daten sind im Internet über http://dnb.d-nb.de/ abrufbar.

Dieses Werk sowie alle darin enthaltenen einzelnen Beiträge und Abbildungen sind urheberrechtlich geschützt. Jede Verwertung, die nicht ausdrücklich vom Urheberrechtsschutz zugelassen ist, bedarf der vorherigen Zustimmung des Verlages. Das gilt insbesondere für Vervielfältigungen, Bearbeitungen, Übersetzungen, Mikroverfilmungen, Auswertungen durch Datenbanken und für die Einspeicherung und Verarbeitung in elektronische Systeme. Alle Rechte, auch die des auszugsweisen Nachdrucks, der fotomechanischen Wiedergabe (einschließlich Mikrokopie) sowie der Auswertung durch Datenbanken oder ähnliche Einrichtungen, vorbehalten.

Impressum:

Copyright © 2014 GRIN Verlag
Druck und Bindung: Books on Demand GmbH, Norderstedt Germany
ISBN: 9783668615724

Dieses Buch bei GRIN:

https://www.grin.com/document/387424

Anonym

Der Heeresbericht von Edlef Köppen

Wird Reisiger im Verlauf des Krieges wirklich zum Pazifisten und was bezweckt Köppen schließlich mit dem Heeresbericht?

GRIN Verlag

GRIN - Your knowledge has value

Der GRIN Verlag publiziert seit 1998 wissenschaftliche Arbeiten von Studenten, Hochschullehrern und anderen Akademikern als eBook und gedrucktes Buch. Die Verlagswebsite www.grin.com ist die ideale Plattform zur Veröffentlichung von Hausarbeiten, Abschlussarbeiten, wissenschaftlichen Aufsätzen, Dissertationen und Fachbüchern.

Besuchen Sie uns im Internet:

http://www.grin.com/

http://www.facebook.com/grincom

http://www.twitter.com/grin_com

Philosophische Fakultät

Neuere Deutsche Literatur

Heeresbericht von Edlef Köppen

vorgelegt am 30.03.15

Inhaltsverzeichnis

1. Einleitung 3
2. Edlef Köppen 4
   2.1. Allgemeines zum Heeresbericht 5
   2.2. Reisiger 6
3. Textstellen analysieren 7
4. Schluss 10
Literaturverzeichnis 10

1. Einleitung

Der *Heeresbericht* von Edlef Köppen, 1930 erschienen, gehört nicht zu den berühmtesten literarischen Werken seiner Zeit. Vermutlich auch deshalb, weil allein im gleichen Jahr 112 Kriegsromane erschienen sind und Remarque den Markt dominierte.[1] Über die Hauptfigur Adolf Reisiger erzählt der Autor Edlef Köppen seine eigenen Kriegserlebnisse. Vor allem durch seine real-historischen Einschübe ist der Roman besonders authentisch und unterstreicht damit nicht nur die Glaubwürdigkeit, sondern gibt seinen Lesern einen Eindruck über die unterschiedlichen Sichtweisen auf den Krieg und die zum Teil verharmlosende Berichterstattung. Bei dem „Heeresbericht" handelt es sich nicht einfach nur um das Schicksal eines einzelnen Soldaten, sondern spiegelt im Allgemeinen die Erlebnisse, den Alltag und die Gedanken eines Soldaten im Ersten Weltkrieg wieder. In der vorliegenden Hausarbeit wird zunächst der Autor Edlef Köppen vorgestellt, dann ein Überblick des Buches gegeben und darauf folgend der Soldat Reisiger vorgestellt. In Kapitel 3 werden gezielt einzelne Passagen aus dem *Heeresbericht* zitiert und analysiert, um schließlich die Entwicklung des Soldaten Reisigers interpretieren zu können. Zieht Reisiger zunächst als überzeugter Kriegsfreiwilliger für die Deutschen in den Krieg, wird er im Verlauf des Krieges zunehmend an seiner Entscheidung zweifeln. Er hinterfragt zunehmend den Sinn des Krieges. Daher ergibt sich die zentrale Fragestellung, wie es zu diesem Sinneswandel kommt und ob dieser aus einem einschneidenden Ereignis hervorgeht. Wird Reisiger im Verlauf des Krieges wirklich zum Pazifisten? Und was bezweckt Köppen schließlich mit dem *Heeresbericht*?

---

[1] Nachwort Heeresbericht, S. 398

2. Edlef Köppen

Der Autor des Heeresberichts, Edlef Köppen, wurde am 01. März 1893 in Genth geboren und besuchte das humanistische Gymnasium in Potsdam.[2] Später studierte er Germanistik, Philosophie, Literatur- und Kunstgeschichte in Kiel und München. Sein Studium unterbrach er, um als Kriegsfreiwilliger von 1914-1918 am ersten Weltkrieg teilzunehmen, was für einen jungen Mann seiner Zeit nicht ungewöhnlich war. Doch gehört Köppen zu einem der wenigen Schriftsteller, welche von Anfang bis Ende als Soldat am Ersten Weltkrieg mitgewirkt haben.[3] 1918 wurde Köppen nachdem ihm das Eiserne Kreuz verliehen wurde in eine Nervenheilanstalt eingeliefert.[4] Danach nahm er zwar wieder sein Studium in München auf, doch beendete es nicht.[5] Ab 1920 war Köppen, wie seine Frau, welche er bei einem Heimaturlaub 1917 kennenlernte und 1921 heiratete, beim Verlag *Gustav Kiepenhauer* in Potsdam tätig.[6] Ab 1932 wurde er Leiter der literarischen Abteilung *Funkstunde* in Berlin doch mit der Machtübernahme Hitlers 1933 aufgrund seiner engagierten pazifistischen Haltung fristlos entlassen. Während seiner Zeit bei der *Funkstunde* entstand der *Heeresbericht* und wurde 1930 zum ersten Mal veröffentlicht und 1931 sogar ins Englische mit dem Titel *Higher Command* übersetzt.[7] Bereits während des Krieges beschloss Köppen die Niederschrift seiner Erlebnisse.[8] 1935 wurde ein totales Veröffentlichungsverbot des *Heeresberichts* veranlasst. Köppen konnte nun nur noch unter dem Pseudonym „Joachim Felde" in der Tageszeitung veröffentlichen. Nach einem zweijährigen Arbeitsverbot wurde Köppen schließlich in einer Filmfirma eingestellt. Die Firma war dem Propagandaministerium der NSDAP unterstellt, doch Köppen weigert sich als Chefdramaturg antisemitische und pronarzistische Filme ins Programm zu nehmen sowie der NSDAP beizutreten. Am 21. Februar 1939 starb Köppen an den Folgen seiner Kriegsverletzung.[9]

---

[2] Fischer, Nachwort Heeresbericht, S. 392.

[3] Nachwort. S. 393

[4] Schafnitzel, S. 326

[5] Fischer, Nachwort, S. 395

[6] Ebd. S. 394

[7] Schafnitzel, 2003: S. 325.

[8] Nachwort Heeresbericht, S. 397

[9]

2.1. Allgemeines zum Heeresbericht

Wie bereits erwähnt berichtet Edlef Köppen durch die Hauptfigur Adolf Reisiger über seine eigenen Kriegserlebnisse.[10] Er gibt die Kriegsgeschehnisse realistisch, knapp, genau und verhältnismäßig objektiv wieder. Die Erzählung erfolgt in der 3. Person, lediglich seine Tagebuchzitate sind in der Ich- Erzählung verfasst. Köppen nutzt verschiedene erzählerische Mittel, wie den inneren Monolog, die bereits erwähnte Ich-Erzählung und erzeugt durch die Ergänzung seiner Erzählung durch 145 zeitgenössische Dokumente, wie: Erlasse, Verfügungen oder Befehle der militärischen Führung, die in Montageform eingefügt sind, Unmittelbarkeit und Objektivität. Diese Dokumente zeigen auf, wie der Krieg aus Sicht der Medien und der Gesellschaft betrachtet wird.[11]

> „Beide Ebenen, die epische Fiktion mit ihren autobiographischen Elementen und die historisch- dokumentarische Realität, verknüpft sich in einem spannungsreichen Verhältnis zu einer literarischen Collage des Ersten Weltkrieges."[12]

Nach dem Ersten Weltkrieg 1918 entstand die Weimarer Republik. Mit der Ernennung Hitlers zum Reichskanzler zerbrach diese 1933. Zwischen dem Ende des ersten Weltkrieges 1918 und der Ernennung Adolf Hitlers zum Reichskanzler, wurde kein Thema literarisch so viel behandelt wie der Erste Weltkrieg.[13] Ab 1933 nahmen nationalistisch-völkische Kriegsromane zu, da die Rechte immer mehr an Stärke gewann. Im Verlauf dieses Prozesses wurden Antikriegsromane zunehmend verboten. Folglich wurde auch der *Heeresbericht* 1933 verboten, 1935 beschlagnahmt und 1938 sogar auf die „Liste des schädlichen und unerwünschten Schrifttums" gesetzt.[14] So geriet der *Heeresbericht* schnell in Vergessenheit und wurde erst durch eine Neuauflage 1976 wieder in Erinnerung gerufen.

Er möchte mit seinem Roman vor allem die heranwachsende Jugend erreichen und gegen den befohlenen Mord appellieren.

---

[10] Schafnitzel, Roman, 2003, S. 319

[11] Schafnitzel, S. 326

[12] Schafnitzel, S. 326

[13] Ebd. S. 320

[14] Schafnitzel, S. 325

2.2. *Reisiger*

Adolf Reisiger steht im Zentrum des Kriegsromans *Heeresbericht*. Er ist ein 21 Jähriger Student, der sich 1914 als Kriegsfreiwilliger meldet. In seiner Heimat herrschte allgemeine Kriegsbegeisterung und die Menschen haben ein Kriegsverständnis von einem Kampf an der Front welcher Heldenhaft, Ruhmvoll und Ehrenhaft ist. Der Schritt in den Krieg als Kriegsfreiwilliger ist ein gewöhnlicher Lauf seiner Altersgenossen. Doch statt dem erwarteten Abenteuer erfährt Reisiger die Nüchternheit und Monotonie des militärischen Alltags, welche aus Wagenwaschen, Fußexerzieren und Straßenreinigen besteht.[15] Doch durchlebt er auch bald psychische Strapazen, das Grauen des Krieges und Erlebnisse in Verbindung mit dem Tod. So begreift Reisiger im Verlauf des Krieges die Unmenschlichkeit, Grausamkeit und Härte dessen. Fühlt er sich zunächst noch bei seinen Kameraden geborgen und kann den Konflikt zum Töten durch seine Verbundenheit zur soldatischen Pflichterfüllung verdrängen, so wird ihm beim Heimaturlaub erstmals bewusst, welche Auswirkungen der Krieg hat. Während seiner Zeit an der Front wird er durch seinen Selbsterhaltungstrieb vorangetrieben. Auszeichnungen und Beförderungen führen zu einem naiven Selbstverständnis seines Handelns. In Folge des Heimaturlaubs wird Reisiger klar, dass der Krieg kein Schicksal oder Gesetz ist, sondern vom Menschen gemacht. Doch schmälern seine ersten Zweifel am Krieg nicht sein Vertrauen in die militärische Führung, er kann sich dem militärischen Mechanismus zunächst nicht entziehen. Doch entwickelt sich Reisiger nach vielen einschneidenden Erlebnissen zunehmend vom Kriegsfreiwilligen zum Pazifisten. Das folgende Kapitel gibt mit Hilfe von einzelnen Textstellen einen Einblick über die Entwicklung Reisigers zum Pazifisten. Dieser Prozess zeigt wie bereits erwähnt autobiografische Parallelen zu Köppens Entwicklung.

Entgegen seiner Erwartungen empfindet er nicht einmal Hass gegen gegnerische Gefangene, welche er in einer Kirche bewachen muss.

---

[15] Heeresbericht, S. 21 ff.

3. Textstellen analysieren

Reisiger erwartet im Krieg das große Abenteuer, doch erfährt er zunächst die Monotonie des Krieges, das Warten darauf, dass etwas passiert. Er kommt nach Frankreich in ein kleines Dorf südlich von Arras, das ist nicht die Front. Sein Alltag wird vom Waschen des Munitionswagens, Fußexerzieren und Straßenreinigen geprägt.[16] Doch sehnt sich Reisiger nach der Front, er möchte endlich für sein Vaterland kämpfen.[17] Auch zur Feuertaufe bleibt das erhoffte Abenteuer aus.[18] Stattdessen erlebt Reisiger die Grausamkeit des Krieges. Als er miterlebt, wie sein Kamerad die linke Hand verliert.[19]

> *„Das also ist der Krieg! Da steht ein Mensch, laut und kräftig, mit provozierendem Mut. Die Sonne scheint, und es ist blauer Himmel. Plötzlich liegt der Mensch am Boden. Und Blut spritzt. Und der Mensch wird nach Hause gehen und niemals im Leben wieder eine linke Hand haben. Das ist ja ekelhaft!"*[20]

Der Feuertaufe folgt sodann wieder die Monotonie, „der Trott der Kolonnenarbeiten: Wagenwaschen, Fußexerzieren, Straßenreinigen."[21] Das nächste einschneidende Erlebnis Reisigers ist die Bewachung von feindlichen Menschen, Franzosen in einer Kirche. Reisiger empfindet keinen Hass gegen seinen Feind. Vielmehr schämt er sich sogar.

> *„Es fällt ihm ein, dass er 21 Jahre alt ist und daß vor ihm wehrlose Menschen sitzen, die seiner Schätzung nach zum größten Teil gute zehn Jahre älter sind als er. Das beschämt ihn."*(S. 48)

In dieser Passage wird deutlich, dass Reisiger zum ersten Mal den Menschen an sich, der sonst nur als Feind bezeichnet und nicht als Individuum gesehen wird, betrachtet. Diese Gedanken werden in einer nächsten Szene des Gefechts vertieft. Es ist die Rede von geringen Verlusten auf seiner Seite. Der Feind hätte viel größere Verluste erlitten. Ist die Zahl elf im Vergleich zu einem Millionenheer sehr gering, so hat Reisiger einen anderen Blick auf das geschehen, da er es nicht nur im deutschen Heeresbericht liest, sondern hautnah dabei war. Er sah den ersten Toten der elf gefallenen Soldaten. Hier wird ihm langsam die

---

[16] Heeresbericht, S. 21 ff.

[17] „Eine intensive Sehnsucht überkam ihn, nach vorn, nach vorn!" Heeresbericht,2007, S.20

[18] Heeresbericht, S. 41-44

[19] Ebd.

[20] Heeresbericht, S. 43

[21] Heeresbericht, S. 46

Bedeutung des Todes klar. Die Zahl der Toten ist plötzlich nicht mehr nur eine Zahl, denn er hat durch den Anblick des Toten einen Bezug dazu. (S. 111)

Doch denkt er bisher nur punktuell über diese Ereignisse nach. Der Gedanke, dass jeder Soldat im nächsten Moment schon ein Opfer des Krieges sein kann, wird noch verdrängt. Die Abläufe und die Ausführung der Kommandos sind automatisiert. „[…] Aber darüber wird nicht nachgedacht. Das Kommando ‚Kompagnie marsch!' enthebt alle der eigenen Verantwortung."(S. 81) Reisiger denkt häufig kurz über die Grausamkeit und über den Sinn des Krieges nach, doch kann sich zu keinem eindeutigen Urteil entschließen. Eines Nachts liegt Reisiger nur wenige Meter vom Feind entfernt, um eventuelle Bewegungen des Feindes zu melden. In dieser Situation wird ihm die Moral eines Soldaten klar. Entweder er oder ich.

> *„Es ist schon der Wahnsinn, daß sich zwei Menschen in der Nacht auf drei Meter Entferungg gegenüberliegen und, wenn sie anständige Soldaten sein wollen, dürfen sie eigentlich keine andere Sorge haben, als das Gegenüber auf jede nur mögliche Weise und so schnell wie möglich zu töten. Ich hatte das oft überlegt, immer mit dem gleichen verzweifelten Resultat: Wenn du nicht tötest, wirst du getötet. Oder: Wenn du ihn nicht tötest, kann er einen deiner Kameraden töten."* (S. 190)

Reisiger kommt es absurd vor nur wenige Meter von einem Menschen entfernt zu sein, der sich in der gleichen Situation wie er selbst befindet, nur für Frankreich, was ausschlaggebend dafür ist, dass er nicht einfach zu ihm gehen kann um ihm die Hand zu reichen. Im Zuge dieses Gedankens nennt er sich sogar einen schlechten Soldat.[22] Im nächsten Moment entdeckt Reisiger in dem Versteckt, in dem er sitzt einen toten französischen Soldaten. In seinem Tagebucheintrag berichtet er, dass dieser so wie er aussieht. Das führt zu dem Schluss:

> *„Da, finde ich hört, eigentlich der Krieg auf, wo es so eindeutig klar wird, daß der Mensch, der einzelne Mensch den einzelnen Menschen tötet. Denn er konnte ich sein, ich konnte er sein, gibt es da noch irgendeinen Sinn und irgendeine „Feindschaft"?* (S. 192)

Reisigers Zweifel am Krieg werden immer größer, er setzt sich zunehmend mit dem Sinn des Krieges auseinander und sieht den Feind nicht mehr nur als unbekanntes, anonymes Ziel, das vernichtet werden muss. Er setzt sich damit auseinander, dass auch der Feind als Ganzes aus individuellen Menschen besteht, solchen Menschen wie er selbst einer ist. Doch tötet

---

[22] Heeresbericht, S. 190

Reisiger den französischen Soldaten schließlich mit einer Handgranate um aus seinem Versteck fliehen zu können. Er tut dies nicht aus Hass zum Feind, sondern weil er sonst mit dem eigenen Tod rechnen hätte müssen, sobald er entdeckt werden würde. Dies ist auch das erste Mal, dass Reisiger eine Handgranate einsetzt.[23] Dieses Ereignis wird in seinem nächsten Tagebucheintrag nicht weiter kommentiert. Reisiger berichtet davon, dass er eine Auszeichnung „Das E.K.II." bekommt und am selben Abend noch zum Unteroffizier ernannt wird. Er ist sehr stolz auf sich. Man könnte meinen, dass derartige Auszeichnungen gezielt eingesetzt wurden, um die Soldaten quasi abzulenken und aufkommende Zweifel zu unterdrücken, indem man ihnen einen Sinn gab. Der Sinn während des Krieges aufzusteigen und das damit verbundene Ansehen zu bekommen. So schreibt Reisiger auch: „Vater wird stolz sein."[24] Doch kehrt sein Zweifel am Krieg immer wieder und sogar verstärkt zurück. So schreibt Reisiger in einem Tagebucheintrag vom 2.04.1916: „Nur: gesagt müßte einmal werden, daß ich den Krieg allmählich für die größte Sauerei halte, die es gibt."[25] Doch berichtet er lediglich in seinen Tagebucheinträgen davon. Seine Pflichten als Soldat erfüllt er weiterhin. Sein Handeln wirkt nicht überlegt sondern eher maschinell. Er kann sich trotz der pazifistischen Gedankengänge nicht zur Kriegsdienstverweigerung durchringen.

> „„Hm- Reisiger, ich glaube, Sie hat der liebe Gott verlassen. Sie sind, scheint mir, bereits vollkommen verrückt. Aber Menschenskind, wie können Sie sich denn einbilden, daß Sie je Offizier werden, wenn Sie sagen: ich kann nicht mehr oder ich mag nicht mehr. Das ist Quatsch, sinnloser Quatsch! Und wenn's auch Ihr Ernst ist- Reisiger, so etwas kann man nicht sagen. Ehrlich: hat Ihnen denn, ich meine, Ihnen privat, schon irgendeinmal jemand zugemutet zu töten? Also ich meine: Wir Artilleristen haben es doch gerade in dieser Hinsicht besonders gut. Wir schießen doch meistens, ohne überhaupt zu sehen, wo es trifft und wen es trifft. Stimmt's? Na also, dann kann es Ihnen auch schnuppe sein. Und im Übrigen: Wer nicht selbst tötet, wird eben getötet. Na, möchten Sie das etwa lieber?" (S. 281 f.)
>
> „Winkel kaut an seinen Fingernägeln. „Gut, totsiegen. Mir auch recht. Aber dann ist es wichtig, daß der Feind sich auch totsiegt." Reisiger, schnell: „Sie predigen vollendeten Unsinn. Richtig, wenn zwei Parteien sich bekämpfen und beide bleiben tot auf dem Platz: dann ist Frieden. –Doktor, ich kann mir nicht helfen, ich glaube nicht mehr an dasa

---

[23] Heeresbericht, S. 193

[24] Heeresbericht, S. 194

[25] Heeresbericht, S. 213

Produktive dieser Beschäftigung. Ich zweifle immer mehr daran, daß die Aufgabe eines Menschen darin bestehen soll, die Aufgabe sage ich, zu sterben. Mir wird immer unklarer, ob der Sinn des Lebens wirklich der Tod ist, oder ob wir Menschen die ungeheuerste Versündigung am Leben begehen, wenn wir so sinnlos sterben." Aber Herr Reisiger, wer redet denn vom sinnlosen Sterben. Wir reden doch vom Tod fürs Vaterland." Und Reisiger: „Ich rede eben vom Leben fürs Vaterland. Wie gesagt, ich will nichts entscheiden- denn dann hätte ich mich jetzt zum Hauptmann in den Wagen gesetzt-, aber ich weiß nicht, wie lange ich noch, ich höchst privat, an das ehrenvolle Sterben auf dem Schlachtfeld glauben kann.""
(S. 351)

4. Schluss
„**Das Kriegsende erlebte Köppen in einer psychischen Klinik in Mainz, nachdem er im September 1918 für sich den Konflikt zwischen Pflichterfüllung und Einsicht in die Unmoral des Krieges gelöst hatte, indem er zur offenen Gehorsamsverweigerung überging.**" (S. 393)

Literaturverzeichnis
Köppen, Edlef: Heeresbericht, List Taschenbuch, Berlin, 3. Auflage, 2007.

Schafnitzel, Roman: Die vergessene Collage des Ersten Weltkrieges. Edlef Köppen: Heeresbericht (1930). In: Thomas F. Schneider/Hans Wagener (Hrsg.): Von Richthofen bis Remarque. Deutschsprachige Prosa zum 1. Weltkrieg. Amsterdam, New York 2003, S. 319-341.

BEI GRIN MACHT SICH IHR WISSEN BEZAHLT

- Wir veröffentlichen Ihre Hausarbeit, Bachelor- und Masterarbeit

- Ihr eigenes eBook und Buch - weltweit in allen wichtigen Shops

- Verdienen Sie an jedem Verkauf

Jetzt bei www.GRIN.com hochladen und kostenlos publizieren